I

La question des rapports de l'enseignement congréganiste et de la République n'est qu'une des faces de la grande question des rapports de l'Église et de l'État depuis 1789, et j'en vais rappeler en quelques mots les principaux éléments historiques.

La Révolution française ne s'éleva pas tout de suite à la conception de la liberté religieuse. Malgré le caractère libéral et laïque de la Déclaration des Droits, l'Assemblée constituante n'accorda, en fait, aux cultes non catholiques, qu'une large tolérance, et elle se montra surtout préoccupée de réaliser le rêve de nos rois en créant une église vraiment gallicane, vraiment nationale, indépendante du Pape, à qui on ne laissait plus qu'une suprématie spirituelle. Cette tentative échoua, pour des raisons plus politiques que religieuses, parce que les évêques, gentilshommes de l'ancien régime, regrettant leurs privilèges, tournèrent une partie du bas clergé et le Pape lui-même contre la constitution civile. Cet échec fut fâcheux, en ce qu'il amena une guerre civile et fit couler des torrents de sang, mais il eut aussi ce résultat de décider la Convention nationale à établir l'État laïque, à substituer la liberté de conscience à la tolérance, à séparer, comme nous disons, l'Église de l'État. Si une église nationale n'avait pu s'établir, en revanche un schisme s'était produit parmi les catholiques, et, au grand profit de l'État et de la liberté, il s'était formé en France deux groupes catholiques distincts, l'un papiste, l'autre national, inégaux en nombre et en prestige, mais rivalisant et se faisant contre-poids. En outre des groupes protestants et israélites, jouissant des mêmes droits légaux que les deux groupes catholiques, on vit s'organiser plusieurs groupes rationalistes, soit dans les cadres de l'Institut national, soit dans le culte décadaire, soit dans le culte théophilanthropique. Voilà les éléments, divers et concurrents, de la vie religieuse de France, dans cette période de la séparation de l'Église et de l'État, qui dura de 1794 à 1802. Ces éléments se contre-balançaient, aucun d'eux n'étant assez fort pour en opprimer un autre, ou pour opprimer l'État, qui restait laïque, neutre et libre, tandis que chaque groupe religieux jouissait de la liberté compatible avec des circonstances encore troublées. Une sorte d'équilibre amenait ainsi une pacification religieuse ; l'État et les consciences recueillaient déjà les fruits d'une politique libérale et conforme aux principes de 1789, quand

LIGUE FRANÇAISE DE L'ENSEIGNEMENT

FONDÉE EN 1866 PAR JEAN MACÉ

CONFÉRENCE FAITE A LA SORBONNE

le 15 Avril 1899

PAR

A. AULARD

Membre du Conseil général de la Ligue
Professeur à l'Université de Paris

SUR

l'Enseignement secondaire et la République

PARIS

AU SIÈGE DE LA LIGUE DE L'ENSEIGNEMENT

14, RUE JEAN-JACQUES-ROUSSEAU, 14

1899

MEMBRES DU CONSEIL GÉNÉRAL DE LA LIGUE

Président : Jacquin (Etienne), conseiller d'Etat, 55, boulevard Beauséjour, Paris.

Vice-Présidents : Cavé (J.-C.), ancien juge au Tribunal de commerce de la Seine, 54, rue du Ranelagh, Paris; — Langlet (D' J.-B.), ancien député, professeur à l'Ecole de médecine, 24, rue Buirette, à Reims: — Guieysse (Paul), député du Morbihan, 42, rue des Ecoles, Paris; — Viguier (Paul), conseiller municipal de Paris, 9, avenue Carnot, Paris.

Secrétaire général : Charavay (Etienne), archiviste-paléographe, 3, rue Furstenberg, Paris.

Secrétaires : Comte (Félix), directeur d'école communale, à Paris, membre du Conseil de l'Instruction publique, 154, faubourg Saint-Honoré, Paris; — Duvand (Adrien), publiciste, 3, place Vintimille, Paris; — Bordier (Edgar), avocat à la Cour d'appel, 21, rue du Vieux-Colombier, Paris.

Trésorier : Wickham (Georges), maire-adjoint du II° Arrondissement, 16, rue de la Banque, Paris.

Censeurs : Cleiftie (Georges), ancien préfet, 93, rue Jouffroy, Paris; — Dessoye (Arthur), publiciste, à Breuvannes (Haute-Marne); — Robelin (Léon). président de la Société d'encouragement à l'instruction en Seine-et-Oise, maire de Longjumeau.

Membres : Aulard (Alphonse), professeur à l'Université de Paris, 1, place de l'Ecole, Paris; — Aussel (Antoine), expert-comptable, 11, rue des Halles, Paris; — Bourgeois (J.-B.), député du Jura, 23, rue de Marignan, Paris; — Bourgeois (Léon), député de la Marne, 50, rue Pierre-Charron, Paris ; — Bourguignon (Léon). directeur de *la Gazette du Village*, 26, rue Jacob, Paris; — Buisson (Ferdinand), directeur honoraire de l'Enseignement primaire, 166, boulevard Montparnasse, Paris; — Depasse (Hector), publiciste, 52, rue de Sablonville, Neuilly-sur-Seine; — Dron (Gustave), député du Nord, 12, rue Notre-Dame des Champs, à Paris; — Faure (Fernand), ancien député, professeur de la Faculté de droit, directeur général de l'Enseignement, 79, rue Mozart, Paris ; — Gillot (Henri), président de la Société oranaise d'enseignement par l'aspect, à Oran (Algérie; — Gley (D'), agrégé de la Faculté de médecine, 14, rue Monsieur-le-Prince; — Javal (D' Emile), ancien député, vice-président du Cercle Parisien, membre de l'Académie de médecine, 5, boulevard de la Tour-Maubourg, Paris; — Jean-vrot (Victor), conseiller à la Cour d'appel, à Angers; — Juliet (Gaston), préfet de la Vienne; — Labeyrie (Henri). gouverneur du Crédit Foncier de France; — Laya (G.), avocat, 20, boulevard Saint-Michel, Paris; — Leblanc (René), inspecteur général de l'Instruction publique, 112 *bis*, rue de Rennes, Paris; — Ney (Napoléon). 4, place Wagram, Paris; — Petit (Edouard), inspecteur général de l'Instruction publique, 92, avenue Victor-Hugo, Paris ; — Raveaud (Gustave), président honoraire de Cour d'appel, président du Cercle Girondin, à Bordeaux; — Ricard (Louis), député de la Seine-Inférieure, 4, rue Edouard-Detaille, Paris; — Sardou (Fernand), négociant, rue Gambetta, à Pons (Charente-Inférieure; — Schrader (F. J. D.). publiciste, 75, rue Madame, Paris.

Chef du Secrétariat : Cayssac (Henry), publiciste, 14, rue Jean-Jacques-Rousseau, Paris.

CONFÉRENCE FAITE A LA SORBONNE

le 15 Avril 1899

PAR

A. AULARD

Membre du Conseil général de la Ligue
Professeur à l'Université de Paris

SUR

l'Enseignement secondaire et la République

MESSIEURS,

Vous savez que le dernier Congrès de la Ligue de l'Enseignement, tenu en 1898 à Rennes, a adopté à l'unanimité le vœu suivant :

« Le Congrès fait appel à l'activité de propagande des sociétés fédérées pour parer aux graves atteintes portées à l'union morale et sociale de la France par l'enseignement secondaire congréganiste, et signale à l'attention du Gouvernement le danger de recruter ses fonctionnaires parmi des jeunes gens qui ne sortent pas des établissements de l'État. »

En désignant parmi ses membres un professeur d'histoire pour expliquer sous son patronage les motifs et le sens de ce vœu, le Conseil général de la Ligue a voulu montrer que le

Congrès de Rennes n'avait point obéi à des sentiments passionnés et sectaires, quand il a dénoncé ce danger, mais qu'il s'était inspiré de l'histoire, de l'expérience, des faits, anciens et récents. Oui, pour que les patriotes conciliants et modérés, qui forment notre Ligue, se soient trouvés unanimes à émettre un tel vœu, il a fallu que les menaces et les injures faites aux principes de 1789, qui sont le lien politique et social de la France, leur aient paru, à des signes visibles et frappants, constituer un danger contre lequel il était urgent de défendre la République.

Les causes historiques du péril signalé, les faits qui dénotent l'aggravation récente de ce péril, sa nature, un des moyens pratiques de le conjurer, voilà ce que je vais tâcher d'exposer, ou du moins d'indiquer, en ne m'inspirant que des sentiments qui sont communs à tous les membres de cette Ligue, non seulement l'amour de la vérité, l'amour de la patrie, mais aussi le souci fraternel de ne blesser aucune conscience, aucune foi, dans un débat qui ne s'adresse pas aux opinions individuelles, ni aux dogmes, mais aux efforts concertés de certaines associations enseignantes contre l'esprit républicain, contre les principes de la Révolution française.

Bonaparte désorganisa ce système, après l'avoir pratiqué lui-même avec habileté et succès, et le désorganisa par ambition personnelle et pour se procurer les moyens de devenir empereur.

Non seulement il fit le Concordat, qui devait lui permettre de se faire couronner par le Pape, mais il rendit à l'Église romaine le grand service de supprimer le schisme, en supprimant l'Église ci-devant constitutionnelle, et, ne maintenant que les églises protestantes et israélites, il détruisit tous les groupes religieux rationalistes, désorganisant l'Institut, fermant les temples des Théophilanthropes, abolissant le culte décadaire. En sus des avantages stipulés par le Concordat, il accorda à l'Église romaine d'immenses avantages pécuniaires, puisqu'il salaria, par mesure bénévole, les desservants, et d'autres avantages de toute sorte, soit matériels par la restitution d'une partie des biens ecclésiastiques, et par le rétablissement de beaucoup de congrégations, soit moraux, par la place privilégiée que reçut la religion dans l'enseignement public, si bien que, grâce à Napoléon Bonaparte, l'Église catholique devint prépondérante en France.

Cette Église tendit dès lors, de prépondérante qu'elle était, à devenir omnipotente, à éliminer les groupes protestants, israélites, et les quelques

groupes rationalistes qui essayaient de se refor-
mer, à rétablir dans notre pays cette unité religieuse dont elle vantait et dont elle vante les
bienfaits. (On sait comment ces bienfaits ont pro-
fité à l'Espagne !) Il lui semblait que le principal
obstacle à cette ambition, c'était le monopole
universitaire.

C'est l'Empire qui avait établi ce monopole,
par la loi du 10 mai 1806, dont l'article 1er por-
tait « qu'il sera formé, sous le nom d'Université
impériale, un corps chargé exclusivement de
l'enseignement et de l'éducation publics dans
tout l'Empire. » Et le décret du 17 mars 1808,
qui constituait l'Université impériale, organisa
ce monopole.

Ce monopole fut si rigoureusement établi et
observé que, pour ne parler que de l'enseignement secondaire, on ne pouvait être admis à se
présenter au baccalauréat que si l'on rapportait
« la preuve qu'on avait fait sa rhétorique et sa
philosophie dans un lycée ou dans une école au-
torisée à ce double enseignement. » C'est le fa-
meux certificat d'études qui, établi sous l'Empire, subsista jusqu'au 16 novembre 1849, date
de son abolition par décret.

Grâce au monopole universitaire, l'esprit
laïque de la Révolution se maintint dans l'ensei-

gnement, dans l'esprit des classes dirigeantes en général, et les conséquences contre-révolutionnaires de la mesure désorganisatrice par laquelle Napoléon Bonaparte avait supprimé les groupes religieux qui se faisaient équilibre dans l'État et au profit de l'État, ces conséquences furent en partie évitées. Que l'esprit de la Révolution française ait été maintenu alors par l'Université, ce sont les adversaires de l'Université qui le déclarèrent eux-mêmes, et, par exemple, c'est Montalembert qui l'avoua à la tribune, en janvier 1850, dans le débat sur la loi Falloux : « ... Le monopole de l'instruction publique, dit-il, a fait sous la Restauration ce qu'on appelait dans ce temps-là des libéraux et des révolutionnaires ; sous le régime de Juillet, il a fait des républicains... »

C'est au début du règne de Louis-Philippe qu'un parti catholique s'était formé pour obtenir la suppression du monopole. Ce fut comme une croisade au nom de la liberté, et ces catholiques se proclamèrent libéraux, parurent libéraux. Ce n'est point cependant la vraie liberté qu'ils demandaient, la liberté pour tous, ou, s'ils la demandaient, ils ne la voulaient que provisoirement, « jusqu'à ce que, disait La Mennais dans l'*Avenir* du 16 octobre 1830, jusqu'à ce que les croyances se soient raffermies, et que les intelligences, dispersées pour ainsi dire dans l'espace sans bornes, recommencent à graviter vers un centre commun. » En d'autres termes, ces champions de l'Église ne voulaient la liberté que pour rendre l'Église omnipotente par le rétablissement de l'unité religieuse, de l'unité opprimante et tyrannique. Alors comme aujourd'hui, ils ne voulaient la liberté que pour détruire la liberté.

Une liberté réglée de manière que l'Etat demeurât laïque et maître, ils n'en voulaient pas, et le gouvernement d'alors aperçut bien leur dessein. Quoique la Charte de 1830 eût annoncé des lois sur « la liberté de l'enseignement », ces lois, préparées, présentées, ne furent pas votées, et la violence même de la campagne menée par les cléricaux contre l'Université fit comprendre à la bourgeoisie d'alors, encore voltairienne, quel usage dangereux pour l'État les congrégations religieuses ne manqueraient pas de faire de cette liberté, quand elles l'auraient obtenue.

Vint la révolution de février 1848. Dépouillée de son privilège politique, menacée dans son privilège économique, la bourgeoisie, par peur de la démocratie et du socialisme, se jeta, le mot n'est pas trop fort, dans les bras de l'Église.

M. Thiers fut le chef et l'orateur de cette évolution. Il contribua plus que personne au vote de la loi du 15 mars 1850, qu'on appelle loi Falloux, du nom du ministre qui la fit préparer, de cette loi que le Père Lacordaire appela « l'édit de Nantes de notre siècle », et qui supprima le monopole universitaire, donna le droit d'enseigner à toutes les congrégations, même à celles qui, comme la Société de Jésus, n'étaient pas autorisées, et plaça en réalité l'Université sous la surveillance de l'Église. Cette loi, qui fut un des grands succès du parti clérical en France, existe encore dans beaucoup de ses dispositions, notamment pour ce qui concerne l'enseignement secondaire. Voilà donc près de cinquante ans que les congrégations religieuses ont la liberté d'enseigner. Voyons comment elles ont usé de cette liberté, et quels citoyens elles ont préparés à la République.

II

Messieurs, on peut dire tout le mal qu'on voudra du baccalauréat : ce n'est pas moi qui y contredirai, surtout si dans le baccalauréat on veut ridiculiser l'amour immodéré des Français pour les fonctions publiques. Cependant le bacca-

lauréat a un avantage : il permet de voir ce qui
se passe dans les établissements congréganistes.
Sans doute, la loi Falloux n'autorise pas seulement l'État à inspecter les écoles libres au point
de vue de la moralité, de l'hygiène et de la salu-
brité, mais aussi à vérifier si l'enseignement qu'on
y donne « n'est pas contraire à la constitution et
aux lois. » Mais cette vérification a-t-elle jamais
été faite ? Est-il arrivé une seule fois qu'un inspecteur universitaire ait assisté aux classes,
dans les collèges congréganistes, pour s'assurer
si l'on n'y enseignait pas des idées contraires à la
constitution et aux lois de la République ? Eh
bien ! depuis que l'établissement du livret sco-
laire nous permet, en beaucoup de cas, de
distinguer les candidats congréganistes des
candidats sortis des lycées, le baccalauréat
constitue un moyen indirect, mais efficace, d'inspecter l'enseignement libre, d'en saisir les
résultats et les tendances.

Or j'ai fait partie de beaucoup de jurys de
baccalauréat, et, tout en témoignant la plus
grande bienveillance aux candidats de toute pro-
venance (une bienveillance qui, je l'avoue, va
souvent jusqu'à la faiblesse), j'ai noté avec soin
tout ce qui, dans leurs réponses, était de
nature à me renseigner sur les méthodes et les

résultats de l'enseignement congréganiste. Je me suis fait, par cette expérience personnelle, sans préjugé et sans passion, une idée qui repose sur des réalités, et non sur des hypothèses sentimentales ou sectaires. J'ai pu apporter ainsi à la Commission parlementaire d'enquête un témoignage qui supplée en partie à cette inspection que l'Université n'exerce pas sur les collèges libres, et, au risque de répéter ici ce que j'ai dit à la Commission, je vais indiquer les principales notions que m'a suggérées, sur la question qui nous occupe, mon expérience d'examinateur.

Me voilà donc en présence d'un candidat. Je le prends de force moyenne, un peu hésitant, un peu intimidé. Ma question l'a rendu muet ou balbutiant. Sa mémoire se trouble. Je sens qu'il n'est pourtant ni tout à fait bête ni tout à fait ignorant. J'essaye de le rassurer, et je lui pose une question *de bon sens*. Eh bien ! si c'est un élève de lycée, les trois quarts du temps il se rassure, reprend son aplomb, se tire d'affaire. Si c'est un élève des Jésuites, les trois quarts du temps il se trouble davantage, rougit, reste muet. Je n'exagère en rien, c'est un fait d'expérience : l'appel au bon sens réconforte le lycéen, désarçonne le congréganiste. Il y a des exceptions, des deux côtés : elles sont fort rares. En règle générale, l'examinateur qui provoque le candidat congréganiste à réfléchir, à raisonner, n'arrive qu'à accroître son trouble.

Cet enfant qui balbutie de la sorte a souvent une figure intelligente, des yeux vifs. Est-il possible qu'il soit réellement incapable ? S'il ne raisonne pas, peut-être a-t-il quelque goût, quelque imagination. « Voyons. mon ami, y a-t-il dans le théâtre classique une tragédie qui vous ait plus intéressé que les autres ? Y en a-t-il une qui vous ait plus ennuyé que les autres ? » Le lycéen, ainsi interrogé, sourit et répond, par exemple : « Le *Cid* m'a intéressé ; *Athalie* m'a ennuyé. » — « Eh bien ! pourquoi ? » Et le voilà qui explique, avec intérêt, ses préférences. L'élève des Jésuites reste ahuri de la question : il ne préfère rien, il ne s'intéresse à rien, il ne s'ennuie à rien. On le voit incapable de sentir comme on l'a vu incapable de raisonner.

De quoi donc est-il capable ? De réciter tout d'une haleine un jugement, une analyse, avec des formules, des dates, des noms, des mots, etc. Ne l'interrompez pas, ne lui demandez pas s'il comprend : vous déconcerteriez sa volubilité ; vous le rendriez muet et confus.

Écoutez plutôt ce dialogue qui s'établit parfois entre l'examinateur et le candidat :

L'EXAMINATEUR. — Mon ami, avez-vous lu *Polyeucte*?

LE CANDIDAT, *brusquement.* — Polyeucte, 1640, source : Surius, *Vitæ sanctorum* ; Sévère et quelques détails inventés...

L'EXAMINATEUR, *un peu surpris.* — Surius? Vous connaissez donc Surius ?

LE CANDIDAT, *continuant.* — Mélitène en Cappadoce, capitale de l'Arménie ; palais du gouverneur...

L'EXAMINATEUR, *abasourdi.* — Connaissez-vous le rôle de Sévère ?

LE CANDIDAT. — Sévère, pendant de Pauline ; naturellement généreux ; milieu entre le païen Félix et le chrétien Polyeucte...

L'EXAMINATEUR, *de plus en plus abasourdi.* — *Pendant de Pauline!* Qu'est-ce que cela veut dire ?

LE CANDIDAT, *reprenant.* — Sévère, pendant de Pauline, naturellement généreux:...

L'EXAMINATEUR. — Voyons, voyons! Qu'est-ce que : *Pendant de Pauline?* Que veut dire cette expression : *Pendant de quelqu'un*?

Voilà le candidat muet, rougissant : impossible d'en tirer maintenant une réponse. *Pendant de Pauline !* Je me demandais ce que cela pouvait bien dire, où ces jeunes gens prenaient cette expression bizarre, quand on m'apporta un volume intitulé : *Notes pour le baccalauréat,* par le P. Brucker, huitième édition, collège de Saint-Dizier, 1892, in-8 de 256 pages. J'y trouvai textuellement, p. 91, le *pendant de Pauline*, et toute la réponse, en substantifs sans verbe, que j'avais reçue de tant de candidats. J'y trouvai toute la littérature française mise ainsi en style télégraphique ou en langage nègre. J'y trouvai des épithètes, des numéros d'ordre et des dates, et rien que des épithètes, rien que des numéros d'ordre et rien que des dates, des formules à avaler, un grimoire de perroquet, une invitation continuelle à ne pas lire, à fuir le texte des auteurs français. Quoi! ne même pas lire Corneille? Non, dit le P. Brucker (p. 87). Pourquoi ? « Morale *tp* païenne. » Vous dites?… « Je dis : morale *tp* païenne. *Trop* est trop long. J'écris *tp* pour gagner du temps : nos élèves en seront plus vite bacheliers. »

Je vois bien l'idée des bons Pères : la littérature française est une école de raisonnement ; il ne faut point que nos élèves raisonnent; substituons des analyses faites par nous aux textes de Corneille et de Bossuet. Cela suffit pour le baccalauréat : cela suffit pour la vie. Nous permettrons cependant des morceaux choisis. Mais si ce choix donnait à nos élèves le goût de lire plus tard tout un auteur ou toute une œuvre ? S'ils allaient lire Molière et ce *Tartufe* que les athées ont mis sur le programme du baccalauréat ? Eh bien ! imprimons un faux Molière, un Molière refait par nous, un Molière truqué. Et le voici, ce Molière *ad majorem Dei gloriam*. Ce sont deux petits volumes imprimés à Avignon, sans date, sous ce titre : *Comédies de Molière arrangées pour être jouées par des jeunes gens.* Je n'y vois pas *Tartufe* : on a sans doute désespéré de l'*arranger*. Mais voici le *Misanthrope*. Célimène s'y appelle Cléomène. Ce n'est plus une femme ; les bons Pères, par une pudeur qui n'appartient qu'à eux, ont changé son sexe : c'est le neveu d'Alceste, et c'est à son neveu qu'Alceste fait des scènes de jalousie :

Ah ! mon neveu, mon faible est étrange pour vous !

Voilà comment la littérature française est enseignée, je ne dis pas dans tous les établissements congréganistes, mais dans beaucoup. Voilà les méthodes, les tendances que dénoncent et les réponses des candidats au baccalauréat, et des manuels, des textes imprimés. Est-il exagéré de dire que les Jésuites, les plus célèbres et les plus influents d'entre ces pédagogues, ne cultivent dans l'adolescent que sa mémoire, négligeant sa raison ?

III

Mais n'ont-ils que *négligé* la raison de leurs élèves ? Je crains bien qu'ils ne leur aient appris à ne pas raisonner, à étouffer toute velléité d'initiative personnelle, tout effort de bon sens indépendant, à recevoir d'autrui la vérité toute créée, à ne jamais tenter de la créer ou de la contrôler eux-mêmes. Obéir et plaire à des supérieurs : voilà le conseil essentiel, dirigeant, qui résulte de cette pédagogie.

Un jour que j'interrogeais un de ces candidats congréganistes sur l'histoire de la Révolution, et qu'il restait muet, je finis par lui dire : « Y a-t-il dans la Révolution un homme célèbre, un grand et bon citoyen dont vous puissiez me parler ? » Il hésite, interroge mes yeux, et, se disant peut-être qu'il a affaire à un affreux démagogue, il finit par me dire : « Oui, Monsieur, il y en a un, c'est Marat. » Et le voilà qui entame un éloge sur Marat, grand Français, grand homme d'État, etc. Je lui objecte doucement certains

faits qui contredisent, selon moi, cette appré-
ciation. Alors ce cri lui sort du cœur : « Ah !
Monsieur, je ne croyais pas vous déplaire ! »

Plaire ou déplaire ! Voilà un point de vue
auquel ne se placent jamais les élèves de nos
lycées, qui ne sont tous préoccupés que de savoir
s'ils ont tort ou raison, s'ils savent ou s'ils ne
savent pas. Voilà le point de vue des Jésuites et
de la plupart des professeurs congréganistes.
Voilà ce qui distingue les deux méthodes, les
deux enseignements, laïque et congréganiste.
Dans nos lycées, on apprend à raisonner; chez
les bons Pères on apprend à obéir. Là on forme
des citoyens ; ici on forme des sujets. Là on per-
fectionne la faculté de raisonner; ici on l'atro-
phie, on *dévirilise*, si je puis dire, les jeunes
esprits.

Ces esprits qu'on a tâché de rendre inertes, on
tâche aussi d'y insuffler la haine ou le mépris
des lois laïques, de la Révolution française.
L'histoire contemporaine, si propre à former des
citoyens, quand elle est impartialement enseignée, on la dénature, dans les collèges congréganistes, de manière à inspirer l'aversion, non
pas toujours du mot de République (puisqu'il
s'agit de s'emparer de la République), mais de
l'esprit républicain. Certes, la méthode n'est

plus la même qu'au temps de la Restauration. Si le Père Loriquet préside toujours à l'éducation d'une partie de la jeunesse bourgeoise, il ne lui enseigne plus (comme une légende l'en a accusé) que le marquis de Buonaparte fut le lieutenant-général de Louis XVIII. Il procède plus habilement, par omissions, par mutilations. Il retranche de l'histoire contemporaine ce qui lui déplaît, et il ne met en lumière que ce qui lui plaît. Ainsi, j'ai peut-être eu la main malheureuse, mais je n'ai pas encore rencontré un seul candidat congréganiste qui sût bien ce que c'est que la Déclaration des Droits ; pas un qui connût les grandes fondations de la Convention ; pas un qui fût en état d'exposer aucun des bienfaits de la Révolution française. Des batailles, des échafauds, des prêtres persécutés, des démagogues déchaînés, voilà ce qu'on leur montre, et on leur cache systématiquement les fureurs des Vendéens, celles des prêtres réfractaires, celles des royalistes de toute couleur. Une société gouvernée selon les principes de 89, une démocratie dirigée par les conseils de la raison et de l'histoire, voilà un état de choses qui n'a produit, selon ces pieux pédagogues, qu'abomination et désolation.

On m'assure qu'en province ils font pire. Déjà,

quand je professais à Aix et à Poitiers, j'avais entrevu l'existence, dans ces maisons, d'un double enseignement historique, l'un intérieur, où la saine doctrine anti-laïque, anti-républicaine, était confiée au secret des âmes; l'autre extérieur, où des concessions étaient faites aux mauvaises doctrines, aux doctrines républicaines, et qui devait inspirer les réponses du candidat au baccalauréat, et d'ailleurs c'est en province qu'un candidat loua Marat pour me plaire. Il paraît qu'aujourd'hui ce dualisme étrange se révèle plus clairement, et qu'il arrive plus fréquemment que les candidats congréganistes, par étourderie ou par trouble, confondent les deux enseignements historiques, font à l'examinateur les réponses qu'ils ne devraient faire qu'à leur professeur, ou mêlent ingénument les deux sortes de réponses, celles selon la bonne doctrine et celles selon la mauvaise. Est-ce à dire que le républicanisme militant des professeurs de Faculté exige des candidats une sorte d'orthodoxie historique et politique? C'est tout le contraire. Il n'y a pas d'exemple d'une mauvaise note donnée au baccalauréat, en histoire contemporaine, à une réponse contraire au sentiment politique du professeur, qui se garde bien de faire expier à un enfant les fautes et les erreurs de ses maîtres. Pourquoi donc les Jésuites dressent-ils les enfants à ces inutiles hypocrisies ? Uniquement pour les habituer à obéir, et à plier et à plaire ; c'est là, je le répète, le but général de leur pédagogie.

Voilà ce que j'ai vu par le baccalauréat. Contrôlez, je vous prie, mon témoignage, par la lecture des livres d'histoire à l'usage des élèves des Jésuites. J'ai dit que le Père Loriquet présidait toujours à l'éducation d'une partie de la jeunesse bourgeoise. Ce n'est pas une façon de parler. Son livre a été réimprimé de nos jours, et sous plusieurs formes. C'est, par exemple, l'*Histoire de France, A. M. D. G., depuis les temps les plus reculés jusqu'à nos jours*, revue, corrigée et complétée par le R. P. Gazeau, de la compagnie de Jésus (Paris, 1868, 2 vol. in-18), ou l'*Histoire contemporaine à l'usage de la jeunesse*, par M. l'abbé Courval (7e éd., Paris, 1890, in-16), ou la *Petite histoire de France à l'usage des écoles,* par le même (Paris, 1866, in-12). Lisez cela, si vous voulez avoir par vous-mêmes une idée de la manière dont les Jésuites frelatent l'histoire. Et les autres instituteurs congréganistes ? Ils ont moins d'audace à mutiler la réalité historique ; ils font, au besoin, allusion à des faits qui leur déplaisent : ils cachent moins de choses à leurs jeunes lecteurs. Mais sont-ils moins acharnés contre l'esprit républicain ? Voici un *Nouveau Cours d'histoire contemporaine*, par M. Girard (Lyon et Paris, 1887, in-8 de 1027 pages). L'un des patrons de ce livre, Mgr Turinaz, loue « l'intelligence, le zèle et les excellentes intentions » de l'auteur. Or voici un exemple de ce zèle. Page 171, il annonce qu'il donne le « texte » de la Déclaration des Droits. Bravo ! disais-je, ce n'est pas un Jésuite qui aurait fait cela. Voilà un brave homme ! Par malheur, j'eus l'idée de lire ce texte, et quelle ne fut pas ma surprise quand je m'aperçus que c'était un texte falsifié ! De ces falsifications, consistant surtout dans d'habiles coupures, je n'en citerai qu'une. L'article 12 de la Déclaration est ainsi conçu : « La garantie des droits de l'homme et du citoyen nécessite une force publique ; cette force est donc instituée pour l'avantage de tous, et non pour l'utilité particulière de ceux auxquels elle est confiée. » Les hommes de 89 voulaient que l'armée fût nationale. Cela gêne, paraît-il, nos pieux pédagogues. Car, dans son prétendu « texte » de la Déclaration, notre auteur n'a reproduit que la première phrase : « La garantie des droits de l'homme et du citoyen nécessite une force publique. » Et il a biffé

la seconde phrase : « Cette force est donc instituée pour l'avantage de tous, et non pour l'utilité
particulière de ceux auxquels elle est confiée. »
Voilà le zèle, voilà les excellentes intentions
que louait Mgr Turinaz. Voilà, dirons-nous, la
pédagogie congréganiste.

Dans l'enseignement de l'histoire contemporaine, le but particulier de cette pédagogie
factieuse, c'est de rendre les jeunes gens impé-
nétrables à l'esprit républicain, de leur cacher
le sens vrai de l'évolution de la France depuis
1789, de leur insinuer le mépris des institutions
démocratiques en tant que rationnelles, de rompre le lien social et politique qui unit la patrie
française, et de le rompre au profit d'un
groupe international.

Y réussissent-ils toujours ? Il est de jeunes
raisons, nées robustes, qui déjouent les fraudes,
qui en prennent l'horreur, et qui, trempées par
cette épreuve même, sortent de là fortes et
droites. Mais combien de ces élèves gardent le
pli, restent déformés et incapables de raisonner,
frivoles et dédaigneux du vrai, et, arrivés à
l'âge d'hommes, demeurent enfants !

Ainsi affaiblis et vidés, ainsi élevés dans
l'ignorance ou le dédain des principes démocratiques et rationnels, les voilà qui entrent dans

les fonctions publiques, et non dans les moindres, les voilà qui forment, jamais perdus de vue par leurs maîtres, l'élément principal de la classe prétendue dirigeante. Quelle société veulent-ils nous faire ? Vous vous étonnez de ces sophismes politiques et sociaux qui aboient dans nos rues et dans les gazettes. Vous vous étonnez de cette tendance avouée à extirper de la République l'esprit républicain, à amputer la patrie de l'idée de justice et de solidarité. Vous vous étonnez de voir ce qu'on n'avait jamais vu en France, dans la France de Descartes, de Corneille et de Voltaire, — de voir, dis-je, [le mensonge publiquement honoré. Eh bien ! moi, je ne m'étonne pas. J'avais vu, par le baccalauréat, quelle floraison publique de sophismes et de mensonges nous préparait l'enseignement congréganiste.

IV

Est-ce à dire que la société française soit empoisonnée tout entière par cette pédagogie ? Vous vous rappelez la prédiction du poète :

Si nous les laissons faire, on aura dans vingt ans,
Sous les cieux que Dieu dore,
Une France aux yeux ronds, aux regards clignotants,
Qui haïra l'aurore !

On les a laissés faire, et il y a plus de vingt ans que Victor Hugo a écrit ces vers. Est-ce que la France en est venue à haïr l'aurore, à haïr la raison ? Est-ce qu'elle a tourné le dos à l'idéal de 1789 pour rétrograder vers la cité mystique ? Les faits répondent. Que voyons-nous ? La démocratie progressant, par un mouvement continu et irrésistible, le suffrage universel envoyant au Parlement des majorités hostiles à la domination cléricale, la République laïque s'implantant chaque jour plus profondément dans l'esprit des paysans et des ouvriers. Chaque année la masse rurale oscille à gauche, par un mouvement lent et continu, par une évolution dont un seul coup d'œil jeté en arrière indique les progrès sérieux depuis une période de trente années. Je ne vois pas que les Jésuites et leurs confrères de diverses robes aient entamé le bon sens national, le bon sens de la masse du peuple. Au contraire, ce bon sens s'oriente aujourd'hui plus décidément vers l'idéal démocratique, grâce à l'enseignement laïque, grâce à nos instituteurs. Si nous jugeons de haut et d'ensemble, la raison est en progrès dans notre pays.

La santé morale du peuple français est donc restée intacte. Je ne vois de malade que l'ancienne bourgeoisie, la bourgeoisie héritière de la classe censitaire et privilégiée d'avant 1848, la bourgeoisie qui regrette son privilège, qui se croit une élite née pour diriger et qui demande à ces congrégations, qu'elle haïssait jadis, de former ou de déformer l'esprit de ses enfants en vue de préparer un ordre de choses où l'ancien et irrationnel principe d'autorité serait, avec l'aide de l'Église, restauré à son profit. Cette bourgeoisie, elle ne comprend rien à l'histoire ; elle ne voit pas que le mouvement de 1789 est encore en pleine force d'expansion, et qu'elle ne fera pas rétrograder cette démocratie, de qui il ne suffit plus de dire qu'elle coule à pleins bords, mais qui a débordé, irrésistible, sur presque toute l'Europe. Ne craignons pas de rétrogradation générale et définitive. Ces chimériques persécuteurs de la raison et de la vérité ne persécutent et ne perdront qu'eux-mêmes. Laissons-les, puisqu'ils disent que c'est une liberté, confier l'instruction de leurs enfants aux pédagogues qui énerveront leur raison ; laissons-les s'ingénier, ces bourgeois aux illusions surannées, à hâter le moment où ils disparaîtront de la politique et de l'histoire. Une autre élite va les remplacer ; elle sort incessamment du fond même de la masse rurale et ouvrière, si saine et si raisonnable.

Alors, où est le danger ? Le voici.

Il peut se produire, non pas une rétrogradation générale, qui semble historiquement impossible, mais une rétrogradation partielle et provisoire, comme il s'en produisit une, il y a cinquante ans. L'historien de la fin du xxe siècle constaterait que cette réaction n'a pas duré, que le progrès a repris ensuite, que plusieurs pas en avant ont été quand même accomplis, que la raison est de plus en plus victorieuse. Mais il y aurait eu un retard, une génération aurait été sacrifiée, une douloureuse période d'apparente victoire de l'idée de réaction aurait été marquée par des souffrances individuelles, par une oppression des consciences. Cela ne durerait pas longtemps ; mais cela durerait peut-être autant que nous. Eh bien! c'est à cette réaction que tend notre bourgeoisie cléricale, et son principal moyen d'action consiste à introduire dans les fonctions publiques des hommes qui ont été élevés, comme on l'a vu, dans la haine et dans le mépris des institutions de la République. Confier la garde de l'État à des personnes qui ont horreur des principes sur lesquels repose l'État, nous disons que c'est une imprudence, et voilà le danger qu'a signalé le vœu de notre Congrès.

V

Voici le remède, où plutôt un des remèdes (car la question est complexe), qui semblent ressortir de la formule même de ce vœu.

Ce serait qu'une loi fût votée qui exigeât, soit des candidats aux grandes écoles de l'État, soit des candidats aux fonctions publiques pour lesquelles le baccalauréat est actuellement exigé, un certificat constatant que ces candidats ont suivi régulièrement et avec succès les trois dernières années du cours d'études de l'enseignement secondaire classique ou moderne dans un lycée ou dans un collège de l'État

Cette exigence serait-elle légitime? Serait-elle efficace?

J'entends déjà les clameurs de ceux qui répudieront cette mesure comme illibérale et par conséquent anti-républicaine. Mais s'agit-il de supprimer la liberté d'enseignement, cette liberté proclamée par la Constitution de 1848? Non certes, bien que cette liberté, à mon avis, doive être réglementée, à l'avenir, selon les termes de cette Constitution, c'est-à-dire de manière qu'elle ne s'exerce que « selon les conditions de capacité et de moralité déterminées par les lois et sous la surveillance de l'État. » Nous ne visons à supprimer aucune liberté compatible avec la sûreté de l'État, et ce n'est pas un professeur d'Université, vous le pensez bien, qui viendrait vous demander le rétablissement du monopole universitaire. La mesure que j'indique n'amènerait la fermeture d'aucun établissement libre, et j'ai beau chercher, je ne vois pas quelle liberté serait menacée.

On dira, j'en suis sûr, qu'une telle loi serait contraire aux principes mêmes de la Révolution. On nous objectera l'article 1er de la Déclaration, qui porte que « les hommes naissent et demeurent libres et égaux en droits », et l'article 6, où il est dit que tous les citoyens « sont également admissibles à toutes dignités, places et emplois publics, selon leur capacité et sans autre distinction que celles de leurs vertus et de leurs talents. »

Mais qu'a voulu dire la Constituante? Elle a voulu dire ceci : qu'il n'y aurait pas de privilège de naissance. Or, demandons-nous un privilège de naissance? Divisons-nous les Français en deux castes inégales en droits? Ah! si nous demandions qu'un Français fût déclaré inadmissible aux emplois parce qu'il est né dans telle ou telle religion, si nous demandions par exemple qu'un Français né israélite fût inhabile à devenir fonctionnaire, c'est alors que nous violerions la Déclaration des Droits, c'est alors que nous romprions le pacte de la patrie française! Nous ne demandons rien de semblable.

Vous exigez, dira-t-on, des conditions pour devenir fonctionnaire. Assurément : est-ce que la Déclaration a dit que tous les Français seraient, de droit, fonctionnaires? Je ne dis pas que ce ne soit pas là le rêve de la majorité des Français. Mais la Déclaration n'a pas promis de réaliser ce rêve. Elle a au contraire indiqué qu'il y aurait une sélection, selon les vertus et les talents. C'est par des examens que la France démocratique a constaté, jusqu'ici, la capacité des candidats aux fonctions. — Eh bien ! objectera-t-on, vous les avez, ces examens; ils existent; ils surabondent ; une moitié de la France n'est-elle pas occupée à interroger l'autre moitié? Je réponds que ni les examens ni les concours, tels qu'ils sont organisés, ne donnent, dans leur rapidité forcée, les moyens suffisants de juger à coup sûr du mérite intellectuel, de la valeur morale du candidat. Tel esprit faux ou faussé brille devant un jury, en quelques instants, dans cette circonstance exceptionnelle, dans une séance d'apparat, où se déconcertera parfois le vrai bon sens, le vrai savoir. Ne parlons que du baccalauréat, ce passeport qui ouvre la porte de tant de fonctions. Croyez-vous qu'il puisse faire connaître la capacité, surtout civique, des futurs candidats aux fonctions ? Vous me direz : par les questions de philosophie, d'histoire contemporaine qu'on leur pose, on peut voir si ce sont des Français raisonnables, des patriotes éclairés et zélés, s'ils serviront bien leur pays ; on n'a qu'à refuser ceux dont les réponses dénotent un esprit faussé. Eh bien ! je réponds par un nouvel aveu de notre faiblesse d'examinateurs. Non, nous ne les refusons pas, nous n'avons pas le cœur de les refuser. Est-ce leur faute, vous disais-je, si leurs parents leur ont donné ces professeurs ? Et parmi les candidats qui répondent mal, comment distinguer, en quelques minutes d'interrogation, ceux qui sont vraiment de mauvais élèves de ceux qui ne sont que des élèves troublés par la brièveté et l'apparat de l'examen ? Dans le doute, on est indulgent, et je dois bien l'avouer, quoiqu'il m'en coûte, ces candidats qui m'ont répondu en perroquets sur *Polyeucte,* ces candidats qui m'ont parlé du *pendant de Pauline,* eh bien ! ils ont eu tout de même leur diplôme, je ne les ai pas empêchés de devenir bacheliers, non plus que ceux qui ignoraient la Déclaration des Droits de l'homme, et quand j'ai vu que l'élève du Père Loriquet avait *pioché* son programme, si superficielles, si erronées que fussent ses réponses, je n'ai pas eu la dureté de le frustrer du parchemin magique.

Ce qu'il faut, c'est un autre examen, d'une autre nature, plus prolongé, plus sérieux, où l'on ait le temps de voir, sans injustice et sans chance d'erreur, ce que sont les jeunes Français qui se destinent aux fonctions, afin de ne les choisir qu'à bon escient. Or, en demandant que ces candidats aux fonctions aient tous passé, pendant un certain temps, par les lycées et collèges de l'État, que demandons-nous, si ce n'est cet examen plus prolongé, plus sérieux, le seul qui permette à l'État de s'assurer que ses futurs serviteurs ne sont point hostiles aux principes constitutifs de la France moderne et de la République, et qu'ils ne trahiront point l'État ? Qu'y a-t-il de plus légitime que cette prétention de l'État à n'avoir que des serviteurs fidèles, à constater les dispositions à cette fidélité en les interrogeant à loisir dans ses collèges, à préparer, à fortifier ces dispositions par son propre enseignement ? Je ne vois rien là qui ne soit juste, conforme à la Déclaration des Droits, conforme aux idées de liberté et d'égalité qui sont la base de la République.

VI

Si cette mesure est légitime, sera-t-elle efficace ? On a déjà objecté que ce sera *la précaution
inutile*, que les Jésuites, par leurs internats,
continueront leur œuvre de pédagogie antici-
vique, et que nous aurons encore, dans les
fonctions, des élèves des Jésuites. Je réponds
que, si les Jésuites ont réussi à déformer l'esprit
de beaucoup de leurs élèves, à leur inculquer la
haine des principes sociaux et politiques de la
patrie, c'est en leur cachant systématiquement
toute une partie de ces choses, c'est en mutilant
l'histoire, c'est en substituant aux textes des
penseurs des analyses insignifiantes ou perfides,
c'est en voilant la vue du développement rationnel de la pensée française, en enseignant à
ne pas penser, à ne pas raisonner. Quand ces
jeunes gens auront entendu nos professeurs d'histoire et de philosophie, quand on leur aura lu le
vrai Descartes, le vrai Pascal, le vrai Voltaire,
quand on leur aura enseigné la véritable histoire
de la Révolution française, doutez-vous qu'ils ne
se sentent raisonnables, qu'ils ne veuillent faire
acte de raison, et non plus seulement plaire et
obéir ? Il a fallu aux Jésuites, dans le secret de

leur enseignement, des prodiges d'ingéniosité pour endormir, pour atrophier la raison de leurs élèves : une parole loyale et claire entendue au lycée suffira souvent à détruire tout ce travail, à réveiller la raison, la personnalité, dans cet enfant que ce double enseignement forcera à comparer, à choisir, à prendre parti pour ou contre la patrie, pour ou contre l'idéal rationnel de 1789. Ayez confiance en notre pédagogie universitaire, qui a progressé admirablement depuis vingt-cinq ans, qui est plus intelligente, plus persuasive, plus forte que jamais. L'enseignement primaire, laïque et obligatoire, a tenu en échec l'influence cléricale dans le peuple : croyez-vous que notre enseignement secondaire sera moins efficace contre la pédagogie de ceux que nous avons appelés des persécuteurs de la raison ?

En tout cas, le certificat d'études n'étant accordé qu'à ceux des élèves des lycées et des collèges qui en auront suivi les classes avec succès, à l'âge où l'esprit se forme, l'État saura ainsi quels sont les jeunes gens capables de le servir avec fidélité, en citoyens raisonnables, et on ne verra pas dans les fonctions publiques des hommes plus préoccupés des intérêts d'un groupe international que des intérêts de la patrie française. Je ne dis pas que la République ne sera

servie alors que par des républicains ; mais elle
ne sera servie que par des hommes à la raison
intacte, que par des hommes qui sauront ce que
c'est que la France dans son développement historique, que par des hommes à qui nos professeurs auront fait voir cet idéal humain de justice
et de solidarité auquel tend toute notre histoire,
cet idéal que l'enseignement congréganiste
cache ou défigure à ses élèves, cet idéal auquel
il est difficile de ne pas vouer sa vie quand une
fois on l'a aperçu tout entier, et au service du-
quel ne se dérobent que ceux qu'on a privés de
la liberté de le voir.

J'ai parlé des persécuteurs de la raison. Nous
ne sommes pas des persécuteurs de la foi. Nous
respectons la vie intérieure des consciences, et
nous la voulons libre. Quelle que soit l'opinion
d'un Français sur le problème de la destinée hu-
maine, quels que soient son culte, son dogme,
sa confession, nous ne l'excluons pas des fonctions publiques. Nous ne sommes pas de ceux
qui croient qu'il faille exclure personne pour
délit d'opinion. Dire à un concitoyen : « Tu
denses cela, donc tu es mauvais Français ».
c'est l'inciter à courir aux armes, c'est violer
la paix publique. Nous savons, d'ailleurs, qu'il y
a d'heureux illogismes, que tel qui, dans sa re-

ligion, place Rome au-dessus de la France, serait prêt à se faire tuer pour la France, même
contre Rome, et que ces illogismes sont la condi-
tion de la paix sociale. Oui, si chaque Français
conformait rigoureusement sa conduite à certaines de ses croyances, s'il voulait réaliser
dans l'action toutes les conséquences logiques
de certains principes, surtout mystiques, eh
bien ! nous en viendrions à nous entre-tuer.
Mais il y a dans nos esprits des *cloisons étanches*,
comme disait Renan, empêchant la réalisation
de ces conséquences logiques, d'où sortirait la
guerre civile. Ces bienheureuses *cloisons
étanches*, elles ne sont pas une infirmité de nos
cerveaux, elles sont faites de fraternité, de tolérance, de patriotisme. C'est ainsi qu'il y a des
Français qui, malgré la contradiction qui existe
peut-être entre le dogme auquel ils croient et la
Déclaration des Droits à laquelle ils croient également, sont, en pratique, de sincères républicains, ou de sincères libéraux. Il y en a beaucoup; il y en aura chaque jour davantage. C'est
qu'ils savent que nous respectons les consciences.
Et nous devons leur dire qu'en demandant que
les fonctionnaires de la République aient eu
d'autres professeurs que les agents de la théo-
cratie romaine, en demandant que la mentalité

des fonctionnaires n'ait pas été uniquement façonnée par l'Église romaine, nous n'entendons à aucun degré éliminer des fonctions ceux qui, tout en aimant la patrie telle que l'ont faite les principes de 89, entendent aussi rester fidèles à une religion où ils sont nés et qui les console. Non, nous ne les blessons pas, ces Français qui aiment la France, parce que nous proposons à l'État de faire une loi en vue de s'obliger à ne pas recruter les fonctionnaires parmi les ennemis de l'État, parmi les ennemis de l'union politique et sociale de notre nation.

Voilà, Messieurs, le vœu que, dans l'intérêt de la patrie et de la République, nous recommandons à l'attention de l'opinion et des pouvoirs publics. On nous rendra, je l'espère, cette justice, que ce n'est pas l'esprit de secte et d'exclusivisme qui nous a inspirés, — la Ligue de l'enseignement, si tolérante et si fraternelle, est au-dessus d'un tel reproche, — mais l'esprit national, l'esprit de raison, de justice, de liberté, l'esprit même de la Révolution française !

Paris. — Imp. Boullay, 2, place du Caire.

MEMBRES DU COMITÉ DU CERCLE PARISIEN

Président : JACQUIN (Etienne), conseiller d'Etat, 55, boulevard Beauséjour ;

Vice-Présidents : JAVAL (Emile), membre de l'Académie de médecine, 5, boulevard de la Tour-Maubourg ; — LÉVYLIER (Adrien), adjoint au maire du VIII° Arrondissement, 6, rue Meissonier ; — BEURDELEY (Paul), maire du VIII° Arrondissement, 64, rue de Rome.

Secrétaire général : CHARAVAY (Étienne), archiviste-paléographe, 3, rue Furstenberg.

Secrétaires : BASCOU (Olivier), ancien député, 44, rue Blanche ; — GERS (Paul), directeur du *Photo-Journal*, 22, rue Vivienne ; — MAMY (Henry), ingénieur, 75, avenue Ledru-Rollin ; — MURET (Maurice), conseiller général de Seine-et-Oise, 12, place de Laborde.

Trésorier : WIMMER (Georges), maire-adjoint du II° Arrondissement de Paris, 16, rue de la Banque.

Membres : AUSSEL (Antoine), expert-comptable, 11, rue des Halles ; — BAUDIN (Pierre), député de la Seine, 30, avenue Rapp ; — BLANCHE (Gaston), ancien officier ministériel, 133, boulevard Malesherbes ; — BONNET (Adolphe), préfet de Loir-et-Cher ; — BOURGEOIS (Léon), député de la Marne, 50, rue Pierre-Charron ; — CAVÉ (J.-C.), ancien juge au Tribunal de commerce, 54, rue du Ranelagh ; — CHALMEL (Gustave), vice-président de la Chambre des produits chimiques, 32, avenue Daumesnil ; — DEMOMBYNES (Gabriel), avocat, 28, rue Jacob ; — FERDINAND-DREYFUS, ancien député, 98, avenue de Villiers ; — DRIESSENS (Charles), fondateur des cours d'économie ménagère, 5, rue des Boucheries, à Saint-Denis ; — FAURE (Fernand), ancien député, professeur à la Faculté de Droit de Paris, 83, rue Mozart ; — GRIGNAN (Henri), homme de lettres, 279, rue de Vaugirard ; — GUÉRIN-CATELAIN (Emile), 13, place de la Bourse ; — MEURGÉ (Albert), avocat, maire du V° Arrondissement de Paris, 37, quai de la Tournelle ; — HERBET (Félix), maire du VI° Arrondissement, 127, boulevard Saint-Germain ; — MUZET (Alexis), député de la Seine, 3, rue des Pyramides ; — POUPIN (Victor), député, 66, rue de Rivoli ; — ROUX (Jean), inspecteur primaire, à Paris ; — SÉHÉ (Désiré), inspecteur de gymnastique, 89, boulevard Voltaire ; — TRAUTNER (Lucien), directeur de l'école communale, 20, rue Etienne-Marcel.

Membres honoraires : FIGUREY (Ernest), publiciste, 2, rue Largillière, Paris-Passy ; — GROSSELIN (Emile), ancien chef du service sténographique à la Chambre des députés, 40, rue Juliette-Lamber, Paris ; — GOUDCHAUX (Charles), 26, avenue de la Grande-Armée.

Chef du Secrétariat : CAYSSAC (Henry), publiciste, 14, rue Jean-Jacques-Rousseau, Paris.

Extrait des statuts de la Ligue Française de l'Enseignement.

Art. 1er. — La Ligue de l'Enseignement fondée par M. Jean Macé, s'organise en fédération sous le titre de LIGUE FRANÇAISE DE L'ENSEIGNEMENT.

Art. 2. — Une liste est ouverte sur laquelle sont inscrites toutes les sociétés d'instruction populaire, fondées sous quelque titre que ce soit, y compris les sociétés de femmes, qui voudront en faire partie.

Art. 3. — La Ligue Française de l'Enseignement a pour but de provoquer en France, par tous les moyens possibles, l'initiative individuelle au profit du développement de l'instruction populaire.

Art. 4. — La Ligue Française de l'Enseignement publie un Bulletin spécial.

Toute société, entrant dans la Ligue, est tenue de prendre un abonnement au Bulletin dont le prix est fixe à 6 francs.

Art. 5. — Chaque société, entrant dans la Ligue fixe elle-même le montant de sa cotisation.

Art. 6. — Chaque société, étant indépendante, sera libre de se retirer lorsqu'elle le désirera.

Art. 7. — Un Congrès, composé des délégués des sociétés de la Ligue, se réunira chaque année dans le lieu désigné par le Conseil général.

Le premier Congrès se tiendra à Paris.

Extrait des statuts du Cercle Parisien de la Ligue.

1. Une Société est créée à Paris sous le nom de *Cercle Parisien de la Ligue de l'Enseignement.*

2. Elle a pour objet la propagation de l'instruction primaire, surtout dans les communes rurales, notamment en provoquant la fondation d'écoles, de cours gratuits, de conférences, et en favorisant la création de bibliothèques populaires.

3. Le Cercle Parisien ne s'immisce en aucune façon dans l'administration des bibliothèques dont il provoque la fondation.

4. Le Cercle Parisien n'est l'œuvre d'aucun parti ; il ne s'occupe ni de politique ni de religion.

5. Font partie de la Société toutes les personnes admises par le Comité qui adhèrent à ses statuts et qui versent annuellement une cotisation dont le montant sera déterminé par le règlement intérieur, sans toutefois être inférieur à cinq francs.

Tout souscripteur qui fait un versement d'au moins 200 francs devient membre perpétuel.

Paris. — Imp. BOULLAY, 2, place du Caire.